LA CITÉ

DES

TROIS ROIS

OU

LA MISSION SANGLANTE

ET LE RÉPARATEUR

PAR

G. APPIA

1903

LA CITÉ

DES

TROIS ROIS

OU

LA MISSION SANGLANTE

ET LE RÉPARATEUR

PAR

G. APPIA

———✦———

PARIS

SOCIÉTÉ DES ÉCOLES DU DIMANCHE

33, RUE DES SAINTS-PÈRES, 33

———

1903

LA CITÉ DES TROIS ROIS

La Mission sanglante et le Réparateur

La Cité des Trois Rois

La fête des Trois Rois, ou l'Epiphanie, rempla-
çait en Orient, avant Saint Jean Chrysostome, la
fête de la Nativité. C'était, en même temps, la fête
du baptême de Jésus-Christ et celle de l'entrée
dans l'Eglise des prémices d'entre les gentils.
Gomme saint Matthieu rapporte que les mages
offrirent au divin enfant de l'or, de l'encens et de
la myrrhe, on s'était habitué à en compter trois.
La prophétie du Psaume 72 leur était appliquée, et
comme le poète hébreu écrivait : « Les rois de
Tarsis et des Iles, de Schéba et de Séba, lui appor-
teront des présents », on en concluait, que les trois
mages devaient avoir été des rois et l'on croyait
savoir qu'ils avaient les noms de Balthasar, Mel-
chior et Gaspard. On montre encore leurs tombes

et leurs couronnes dans le chœur de la cathédrale de Cologne.

Quoi qu'il en soit de ces légendes, la fête des Trois Rois est devenue une date fixe, qui a depuis les premiers siècles donné une importance particulière au 6 janvier. A cette date, l'an 1535, nous aurions trouvé une troupe de guerriers espagnols, conduits par le clergé, célébrant la fête par la fondation d'une ville, ou plutôt par le choix d'un emplacement où ils résolurent de fonder la capitale du nouvel empire espagnol du Pérou. Quelques jours plus tard, le 18 janvier, ils prirent la pioche, et procédèrent à la démarcation de la ville qu'ils appelèrent Cuidad de los Reyes, la Cité des Trois Rois, à laquelle Charles-Quint voulut qu'on donnât l'épithète de « nobilissima » et de « très loyale ». Le site en semblait très bien choisi; deux collines, celles de Saint-Cristobal et de Saint-François, la dominaient et plus loin l'imposante chaîne des Andes. La rivière de Rimac apportait aux futurs habitants une eau fraîche, descendant des Andes Huarochiri. Le tracé de l'enceinte de la ville était très vaste, car elle était destinée, dans l'intention de ses fondateurs, à remplacer un jour l'immense capitale de Cuzco. Le souvenir de cette fondation fut fixé par le plus grand monarque du monde, Charles-Quint lui donna pour écusson trois couronnes sur un champ d'azur, avec cette légende : Hoc signum ver (um?) regnum est. L'écusson était soutenu par deux aigles portant les lettres J et C, qui rappelaient la mère et le fils : Jeanne et Charles.

Les travaux s'exécutaient sous la direction et avec le concours le plus actif et le plus intelligent d'un homme étrange, à la tenue martiale, au geste impérieux, d'un homme aussi étonnant par son énergie, son endurance et sa capacité, que par son astuce et sa féroce cruauté. Mais, revenant de quatre ans en arrière, nous allons le retrouver.

Si nous entrions aujourd'hui dans la grande cathédrale fondée par lui, nous y verrions son tombeau monumental, où il fut déposé après être tombé sous le fer de ses ennemis ou plutôt de ses victimes.

La ville elle-même a perdu le nom que lui avait donné son fondateur, elle s'appelle Lima, du nom de la rivière de Rimac, le long de laquelle elle fut construite.

La Mission sanglante

Quels sont ces cent fantassins et ces soixante-dix-sept cavaliers qui viennent de sortir de San-Miguel-du-Pérou, le 24 septembre 1532, pour traverser la plaine fertile et partout sillonnée d'aqueducs et de canaux, qui s'étend de l'océan Pacifique aux Andes ? Comme les anciens croisés, ils sont couverts de leurs armures, mais portent des couleuvrines et traînent après eux des canons. Ils avancent lentement et commencent, après plus d'un mois, l'ascension des premières pentes des Cordillères. Avant de partir, ils célèbrent dès le matin le culte divin. Leur prêtre, Vincent de Valverde, moine dominicain, a invoqué, en leur faveur, le Dieu des batailles, demandé pour eux sa lumière et sa puissance, assuré la petite armée, qu'elle est la représentante de la vérité chrétienne, et qu'elle peut compter sur la protection du Très-Haut.

La discipline la plus rigoureuse a été recommandée par le chef, le même que nous trouvions tout à l'heure, fondant Lima, la cité des Trois Rois. Son teint bronzé, les rides de son front, témoignent d'un passé plein de luttes et d'aventures, accomplies sous le feu brûlant des tropiques, dans les Antilles et à l'isthme de Panama. L'un de ses parents prétend qu'il a déjà accompagné Christophe Colomb dans l'un de ses voyages. Ce qui est plus certain, c'est qu'il a commencé par guerroyer en Italie, pendant les dernières campagnes, qu'il a, appartenu aux troupes de Cortès, dont la mère était une Pizarre et a failli l'accompagner au Mexique.

Il était aux côtés de l'illustre Vasco Nunnez Balboa, au moment où celui-ci, traversant l'isthme de Panama, a découvert l'Océan Pacifique et, dégaînant l'épée, s'est écrié : Au nom de la sainte Trinité, je prends possession de cette mer avec ce qu'elle contient, pour la couronne de Castille ; et je soutiendrai mon droit contre quiconque osera le contredire !

Il s'appelle François Pizarro. Pendant sa vie, qui a déjà dépassé un demi-siècle, personne ne lui a jamais enseigné ce qu'est l'affection ou la tendresse. Sa mère l'a si peu aimé et si mal soigné pendant sa tendre enfance, qu'une truie compatissante l'a allaité, si l'on en croit la légende. Né à Truxillo en Estémadure, d'un père capitaine dans l'armée, il a été employé pendant ses premières années, à garder les pourceaux. Un jour, ayant eu la malchance d'en laisser échapper un, il s'est enfui du toit paternel et, lorsqu'il apprend, qu'à Séville, les chevaliers de fortune s'enrôlent pour le Nouveau Monde, il s'y rend, s'attache à la personne d'Ojedo et ne rentre dans la maison paternelle, que lorsqu'il est devenu célèbre par ses exploits et par la faveur de Charles-Quint, qui le crée marquis de Pizarro et gouverneur futur des pays qu'il va conquérir (1).

(1) W.-H. Prescott a écrit en 3 volumes, l'histoire de la conquête du Pérou d'après des documents authentiques ; et Llorente, Fabié et d'autres, la biographie de Las Casas.

Arrivé à Panama, après une première expédition sur les côtes de l'Amérique du Sud, mal soutenu par le gouverneur Pedrarias, il s'est uni à l'un de ses camarades, nommé don Diègne Almagro et avec le prêtre Fernand de Luque, homme avisé, bon calculateur et ami d'un riche chevalier — il a formé une association, dont le prêtre fournira les fonds, les deux autres les armes, pour posséder en commun les terres que leur procureront leurs conquêtes, et surtout pour se partager les richesses immenses qu'on leur a vantées et promises, s'ils atteignent le pays des Incas et les empires situés au-delà des Cordillères. Aucun blanc, aucun européen n'y a encore pénétré. Les contrées immenses de l'Amérique du Sud sont encore si inconnues, que remontant la rivière « Birou », ils ont cru comprendre que le pays entier s'appelle du nom de la petite rivière : ce qui serait, dit-on, l'origine du nom de Pérou. Avant Lima, Pizarro a déjà fondé la ville de San Miguel, en souvenir du secours qu'il prétend avoir obtenu de l'archange saint Michel, dans les terribles luttes de l'île de Puna. C'est de là qu'il est parti, après y avoir laissé une petite garnison, pour aller conquérir l'empire des Incas. Ces vastes contrées n'étaient point comme le sont aujourd'hui les pays nouvellement explorés en Afrique, un continent occupé par des tribus éparses, séparées et indépendantes les unes des autres. L'inca Huaynacapac était parvenu à subjuguer tout le pays, sur une étendue de 500 lieues, de Cuzco vers l'occident, s'était soumis Quito et avait laissé en mourant à ses deux fils, Huascar et Atahuallpa, un empire prospère, civilisé et énormément riche en or, en pierreries et en argent. Après une lutte acharnée et cruelle, le dernier s'était emparé de tout l'héritage de son père et avait fait son frère prisonnier.

Mais suivons la troupe des cent soixante et dix-sept aventuriers, qui gravissent la Cordillère des Andes, l'imagination remplie de la gloire et des succès des « Conquistadores » qui les ont précédés. Jaloux de l'immense célébrité de Fernand Cortès, qui naguères conquérait le Mexique et racontait lui-même sa glorieuse histoire, ils brûlent d'impatience d'arriver au centre du pays merveilleux des Incas, dont ils ont déjà vu quelque petite partie et apporté à Charles-Quint les premières dépouilles. Mais les fatigues de la montée sont excessives; le chef entend murmurer autour de lui et sent que, pour une entreprise aussi téméraire que la sienne, il lui faut des hommes absolument résolus. Il renouvelle donc le libre triage qu'il a tenté une première fois. Déjà au début de son expédition, il s'est trouvé en face des mécontents. Saisissant alors son épée et se plaçant devant le front de sa troupe, il s'est écrié : « Que ceux qui sont décidés à me suivre partout, même au péril de leur vie, m'en donnent l'assurance, en sautant par-dessus la lame de mon épée ; ceux qui ne l'auront pas fait, peuvent se retirer et retourner sans crainte à Panama. Une minorité décidée s'est groupée une première fois autour de son chef ; et c'est ainsi qu'il a reformé sa troupe. Aujourd'hui il renouvelle, sous une forme plus simple, le même triage : « Que tous ceux qui « reculent devant le danger de l'aventure, se reti- « rent ! » répète-t-il à sa troupe. Neuf seulement en profitent et retournent à San-Miguel.

L'Incas Atahuallpa auquel il a annoncé par un délégué sa prochaine arrivée, lui envoie un troupeau de lamas ; et Pizzare reçoit avec honneur l'ambassadeur royal, puis continue sa marche et descend enfin du côté opposé de la Cordillère des Andes. En route, avec un mâle courage, il a exhorté sa troupe : « Que chacun de vous, dit-il, prenne cou- « rage et marche en avant comme un bon soldat, « sans se laisser aucunement intimider par notre « petit nombre. Car dans les plus grandes extré- « mités, Dieu combat toujours pour les siens et ne « doutez pas, qu'il n'abaisse l'orgueil de l'infidèle et « ne l'amène à la connaissance de la vraie foi, but « principal de notre conquête. »

Le récit de la marche des Espagnols à travers les neiges, le long des précipices, dans les sombres vallées, près des grands volcans, dont l'un surtout, le Cotopaxi, accompagna plus tard la marche d'Alvarado de ses fracas sinistres et inonda l'air de cendres ; toutes ces aventures sembleraient incroyables, si elles n'étaient attestées par de nombreux récits contemporains imprimés ou encore manuscrits. Encore une fois, on ne sait ce qui frappe davantage dans ces exploits, de l'indomptable énergie, de la foi supertitieuse et fanatique, de l'avidité monstrueuse de l'or, de l'inconscience ou de l'endurance de ces hommes si étonnants et pourtant si peu sympathiques.

Comment décrire le bonheur et l'admiration de cette troupe d'aventuriers, lorsqu'ils purent contempler les riches vallées du Pérou, quand, le 15 novembre 1534, ils virent à leurs pieds la ville de Caxamalca, avec ses deux forteresses, contemplèrent le vaste camp de l'Inca Atahuallpa, établi avec ses tentes sur les collines qui dominent la ville !

Les Espagnols y pénètrent dans un profond silence et au grand étonnement des Péruviens, qui admirent l'éclat de leurs cuirasses et les couleurs brillantes de leurs étendards. La troupe des Espagnols s'établit dans le centre de la ville et occupe les salles immenses, mais basses, que les Incas ont construites pour leur propre usage. Ils s'étonnent de trouver la ville presque entièrement vide... Le roi du Pérou, connu pour sa ruse et sa cruauté, avait-il abandonné sa ville de Caxamalca pour y laisser entrer ses ennemis et les y anéantir d'autant plus sûrement? Il était trop tard pour se livrer à des soupçons. Une fois établi dans la ville, en face du camp ennemi, il fallait ou périr, ou payer d'audace. Cortès, emprisonnant le roi du Mexique, avait donné l'exemple d'une résolution héroïque et couronnée de succès ; il fallait suivre son exemple.

Quand les troupes furent rentrées dans leurs nouveaux quartiers et que le soir fut venu, Pizarre rassembla les officiers de l'expédition, et leur exposa le plan qu'il avait formé. Ce plan consistait à faire tomber l'Inca dans une embuscade et à le faire prisonnier à la face de son armée! C'était un projet plein de péril et qui touchait au désespoir ; mais la situation des Espagnols était extrême et un grand coup d'audace semblait le seul moyen possible pour en sortir. Atahuallpa avait peut-être laissé les Espagnols s'approcher de sa capitale pour en être le maître, il fallait le prendre dans ses propres filets, — ainsi calculait le rusé Pizarre.

On envoya à l'Inca, en signe de déférence, l'un des principaux chefs de l'expédition, Fernand Bc-

zamet Soto, cavalier émérite, qui émerveilla le monarque par ses évolutions équestres, faisant sauter et courir son coursier au gré de ses moindres ordres. Les envoyés espagnols demandèrent au roi de vouloir bien descendre dans la ville, pour rendre visite à leur chef ; mais l'Inca se renferma d'abord dans un silence absolu, puis annonça qu'il répondrait plus tard, mais qu'il observait un jeûne solennel.

Le lendemain, les Espagnols ne furent pas peu intimidés, en voyant l'armée de l'Inca avancer jusque près de la ville, puis s'arrêter tout à coup sans y entrer. Mais ils se rassurèrent, lorsqu'après un moment, l'Inca fit déposer les armes à son armée et la conduisit en personne au centre de la cité.

Ce ne fut que peu de temps avant le coucher du soleil, que l'avant-garde du cortège royal franchit les portes de la ville. En tête, marchaient des éclaireurs qui faisaient retentir l'air de chants de triomphe « qui, à nos oreilles », dit un des conquérants, « résonnaient comme les chants de l'enfer ! » Puis s'avançaient les divers corps militaires et civils, reconnaissables à leurs costumes, des massiers, vêtus de blanc, portant des marteaux ou masses en argent ou en cuivre, après eux les nobles reconnaissables à leurs ornements éclatants et leurs grands pendants d'oreille. Enfin parut l'Inca Atahuallpa lui-même, porté sur une chaise ou une litière ouverte, sur laquelle était une espèce de trône en or massif d'une valeur inestimable, surmonté d'un palanquin garni de plumes d'oiseaux des tropiques. Le costume du monarque était tout autrement brillant que le soir précédent. A son cou pendait un collier d'émeraudes d'une grosseur et d'un éclat extraordinaires. Sa chevelure courte était parée d'ornements en or, et le *borla* impérial entourait ses tempes. Le maintien de l'Inca était calme et digne, et de sa position élevée, il regardait la foule de l'air d'un homme habitué au commandement.

Quand cinq ou six mille des siens furent entrés dans la place, Atahuallpa s'arrêta, ne voyant pas un seul Espagnol ; jetant un regard interrogateur autour de lui, il demanda : «Où sont les étrangers ?»

A ce moment, le frère Vincent de Valverde, moine dominicain, chapelain de Pizarre, et depuis évêque de Cuzco, s'avança, tenant d'une main son bréviaire ou, selon d'autres récits, une Bible, et de l'autre un crucifix, et s'approchant de l'Inca, il lui dit qu'il venait, par l'ordre du général, pour lui exposer les doctrines de la vraie foi ; c'était le but qui avait amené les Espagnols si loin de leur pays. Le frère lui expliqua ensuite aussi clairement qu'il le put la doctrine mystérieuse de la Trinité, et re-

montant très haut dans son récit, il commença par
la création de l'homme ; de là il passa à la chûte,
à la rédemption par Jésus-Christ, au crucifiement,
à l'ascension du Sauveur, qui avait laissé l'apôtre
Pierre comme vicaire en ce monde. Ce pouvoir
avait été transmis aux successeurs de l'apôtre,
hommes sages et vertueux, qui, sous le titre de
Papes, avaient autorité sur toutes les puissances
et tous les potentats de la terre. Un des derniers papes
avait chargé le roi d'Espagne, le plus puissant monarque du monde, de conquérir et de convertir les
indigènes de l'hémisphère occidental, et son général, François Pizarre, venait pour accomplir cette
importante mission. Le moine conclut en suppliant
le monarque péruvien de l'accueillir favorablement,
d'abjurer les erreurs de sa foi, d'embrasser celle
des chrétiens qui lui était annoncée, la seule par
laquelle il pût espérer être sauvé, et, en outre,
de se reconnaître tributaire de l'empereur Charles-
Quint, qui, dans ce cas, l'aiderait et le protégerait
comme son fidèle vassal.

On peut douter qu'Atahuallpa eût saisi tous les
anneaux de l'argument curieux par lequel le moine
rattachait Pizarre à saint Pierre. Il est certain cependant, qu'il dut recevoir des notions très incor-
rectes de la Trinité, si, comme l'assure Garcilaso,
l'interprète Félipillo la lui expliqua, en disant que

« les chrétiens croyaient en trois Dieux et en un Dieu, et que cela faisait quatre ». Mais il n'est pas douteux qu'il comprit parfaitement que le but du discours était de lui persuader de résigner son sceptre et de reconnaître la suprématie d'un étranger. Les yeux du monarque indien étincelèrent, et ses noirs sourcils s'assombrirent encore, en répondant : « Je ne serai tributaire d'aucun homme ! Je suis plus grand qu'aucun prince sur la terre. Votre empereur peut être un grand prince : je n'en doute pas, puisqu'il a envoyé ses sujets si loin, à travers les mers, et je consens à le regarder comme un frère. Quant au pape dont vous parlez, il doit être fou, pour donner des pays qui ne lui appartiennent pas. » « Pour ma foi », continua-t-il, « je n'en changerai pas. Votre Dieu, dites-vous, fut mis à mort par les hommes même qu'il avait créés. Mais le mien », dit-il en montrant sa divinité, — qui, dans ce moment, hélas ! s'abaissait dans sa gloire, derrière les montagnes, — « mon Dieu vit encore dans les cieux, d'où il regarde ses enfants. »

Il demanda ensuite à Valverde sur quelle autorité il appuyait ses paroles. Le frère désigna comme son autorité le livre qu'il tenait. Atahuallpa le prenant, en tourna les pages un instant, puis, comme l'insulte qu'il avait reçue lui traversait probablement l'esprit, il le jeta vivement à terre, en s'écriant :

« Dites à vos compagnons qu'ils me rendront compte de leur conduite dans mon pays, je ne sors pas d'ici que je n'aie reçu pleine satisfaction de toutes les offenses qu'ils ont commises. »

Le moine, scandalisé de l'outrage fait à son livre saint, ne prit que le temps de le relever, et, courant vers Pizarre, il lui apprit ce qui était arrivé, s'écriant en même temps : « Ne voyez-vous pas que, tandis que nous nous épuisons en paroles avec ce chien plein d'orgueil, la campagne se couvre d'Indiens ? Courez-leur sus ! Je vous donne l'absolution. » Pizarre vit que l'heure était venue. Il agita en l'air un pavillon blanc : c'était le signal convenu. Le fatal coup de canon fut tiré de la forteresse. Alors, s'élançant sur la place, le capitaine espagnol et ses compagnons poussèrent leur vieux cri de guerre : « Saint-Jacques et tombons sur eux ! ». Tous les Espagnols qui étaient dans la ville y répondirent par le cri de combat, et, s'élançant des grandes salles où ils étaient cachés, ils se répandirent sur la *plaza*, fantassins et cavaliers, et se jetèrent au milieu de la foule des Indiens. Ceux-ci, étonnés, étourdis par le bruit de l'artillerie et des mousquets, dont les édifices d'alentour envoyaient l'écho comme un tonnerre, aveuglés par la fumée sulfureuse qui tourbillonnait dans la place, furent saisis d'une terreur panique. Ils ne

savaient où fuir pour éviter la mort qui les mena-
çait. Nobles et gens du peuple, tous étaient foulés
aux pieds sous les charges furieuses des cavaliers
qui frappaient à droite et à gauche, sans ménage-
ment, pendant que leurs épées, étincelant dans la
fumée, portaient l'épouvante au cœur des malheureux indigènes, qui voyaient alors pour la première
fois le cheval et son cavalier dans tout ce qu'ils ont
de terrible. Ils ne firent aucune résistance, et, à la
vérité, ils n'avaient pas d'armes. Toutes les issues
étaient fermées, car l'entrée de la place était en-
combrée des corps de ceux qui avaient péri, en faisant de vains efforts pour fuir, et telle était l'an-
goisse des survivants, sous la pression effroyable
de leurs assaillants, qu'une troupe nombreuse d'Indiens renversa, par des efforts convulsifs, le mur
de pierres et de mortier séché, qui formait, en partie, l'enceinte de la *plaza !* Il tomba, laissant une
ouverture de plus de cent pas, par laquelle des
multitudes se jetèrent dans la campagne, toujours
chaudement poursuivies par la cavalerie qui, sautant par-dessus les décombres, s'élança sur les fugi-
tifs, les abattant de tous côtés.

Cependant, le combat, ou plutôt le massacre,
continuait avec le même acharnement autour de
l'Inca, dont la personne était le but principal de l'at-
taque. Ses nobles fidèles, se ralliant autour de lui, se

jetaient au-devant des assaillants, et s'efforçaient,
en les arrachant de leurs selles, ou du moins en
offrant leurs poitrines comme but à leurs coups,
de défendre leur maître bien-aimé.

Le monarque, épouvanté, voyait ses fidèles sujets
tomber autour de lui, sans comprendre encore sa situation. Sa litière était ballottée çà et là comme une
barque, selon que la foule la pressait en avant ou
en arrière ; lui-même semblait un marin en détresse
qui envisage le désastre de son navire, voit briller
de toutes parts les éclairs et éclater le tonnerre,
sans pouvoir rien faire pour échapper à sa destinée. Enfin, quand les ombres du soir devinrent
plus épaisses, quelques cavaliers, craignant qu'a-
près tout, leur proie ne leur échappât, firent un
effort désespéré, pour terminer le massacre d'un
seul coup, par la mort. Mais Pizarre, qui était le
plus rapproché de lui, cria d'une voix de tonnerre :
« Que celui qui tient à sa vie, ne touche pas à
l'Inca » et en étendant le bras pour le protéger, il
fut blessé à la main par un de ses soldats ; ce
fut la seule blessure reçue dans l'action par un
Espagnol.

La lutte devint alors plus acharnée que jamais ;
mais la litière royale vacillait et quelques-uns des
nobles qui la portaient ayant été tués, elle fut ren-
versée. Pizarre et quelques autres cavaliers reçu-

rent l'Inca dans leurs bras ; le *borla*, ou bandeau impérial, fut immédiatement arraché de son front par un soldat nommé Estete, et le malheureux monarque, fortement escorté, fut conduit dans un des édifices voisins, où il fut soigneusement gardé.

Toute résistance cessa à l'instant. La nouvelle du sort de l'Inca se répandit bientôt dans la ville et dans tout le pays. Le charme qui aurait pu tenir les Péruviens réunis était rompu. Chacun ne pensait qu'à sa sûreté.

Une fois maîtres de celui qui avait été jusqu'ici révéré et presque adoré comme un fils du soleil, les Espagnols furent assurés que la terreur de leurs armes suffirait pour contenir, pour un temps, l'armée privée de chef.

Pizarre commença par traiter le roi, avec les égards dus à son rang et par lui demander une rançon en or. Atahuallpa envoya des ordres dans tous ses états et peu à peu, les avides aventuriers virent affluer dans la ville, des amas d'or qui dépassèrent ce qu'ils avaient pu espérer, dans leurs rêves d'avenir. On calcule que bientôt ils furent en possession de 15 millions de dollars d'or ou 75 millions de francs.

L'infortuné monarque, traité avec égards par Pizarre, se berçait follement de l'espoir que, la rançon payée, il recouvrerait sa liberté : hélas ! il n'avait pas compté avec la cruauté que nourrit la soif de l'or. Les compagnons de Pizarre, dont l'avidité ne faisait qu'augmenter à mesure que leur trésor grossissait, firent semblant de croire que l'Inca conspirait contre eux, du sein de sa prison ; en l'absence de Soto, qui avait des sentiments plus humains, ils lui firent son procès et le condamnèrent, malgré ses protestations d'innocence, à être brûlé vif. C'est alors que recommença la mission du dominicain Valverde. Il persuada à l'infortuné monarque que s'il acceptait la foi chrétienne, son supplice serait moins cruel.

Le soir du 29 août 1583, on conduisit, à la lueur des torches, le malheureux Inca enchaîné, sur la place de Caxamalca, où était dressé le bûcher. Le dominicain reprit alors son rôle de convertisseur-bourreau ; il engagea, pour une dernière fois, le pauvre condamné à se faire baptiser, lui offrant comme récompense de sa conversion, non seulement le salut éternel, mais encore la commutation de sa peine, lui promettant qu'il serait étranglé au lieu d'être brûlé ; il consentit, fut baptisé par Valverde et reçut le nom de Jean, en honneur du saint du jour. Il reprit alors son maintien ferme et royal ; recommanda ses enfants à Pizarre et expira, tandis que les Espagnols marmottaient leurs formules vides, pour le salut de leur victime. Le lendemain,

Pizarre et les principaux cavaliers assistèrent en deuil aux obsèques de « frère Jean ». A ce moment, une troupe de femmes, veuves et sœurs du roi, entrèrent dans l'église nouvellement réparée, et, environnant le cadavre, elles crièrent que ce n'était pas la manière d'ensevelir un Inca et qu'elles étaient décidées à se sacrifier sur sa tombe, vengeant ainsi, dans leur ignorance, la nature humaine déshonorée par la cruauté de soi-disant chrétiens !

Le Réparateur

Tels furent les débuts de la mission sanglante des Espagnols, que nous ne saurions suivre plus longtemps en détail. Nous ne raconterons point le supplice du général d'Atahuallpa, Chaklcuchima, qui répondit aux essais de conversion de Valverde : « Je ne comprends pas la religion des hommes blancs », et qui, condamné par les Espagnols à être brûlé vif, montra, au milieu de ses tortures, le courage caractéristique de l'Indien d'Amérique. Nous ne nous arrêterons pas davantage aux atrocités commises par Don Diegue Almagro, lors de son expédition au Chili.

Llorente, l'historien de l'Inquisition, écrit, au moment où il se disposait à faire le récit de la mort ou la nécrologie de ces hommes de sang, qui, après avoir déshonoré le nom de chrétiens par leurs perfidies envers de pauvres païens, se détruisirent entre eux : « Je pourrais faire comme Lactance et inscrire comme titre à mon récit : La mort des Persécuteurs ». Le premier à succomber fut Almagro, étranglé dans sa prison comme rebelle, par ordre du frère de son ancien associé ; le fils d'Almagro étant parvenu à venger son père, en assassinant Pizarre, paya son crime de sa tête. Jean Pizarre fut tué au siège de Cuzco, Valverde massacré avec ses compagnons, à Puna, après être devenu évêque de Cuzco. Gonzalo Pizarre eut la tête tranchée et envoyée à la ville des Trois Rois, ou Lima, avec l'inscription : « Ceci est la tête de Gonzalo Pizarre qui se révolta contre son souverain ». Quant à Fernand, arrivé en Espagne, il fut jeté en prison et n'en sortit que vingt ans plus tard, vieillard inconnu et oublié. C'est ainsi que la justice humaine venge par la punition des méchants, et répare, autant qu'elle le peut, leurs iniquités. Heureusement que le christianisme connaît de meilleures réparations !

En effet, même sous une forme imparfaite et mélangée, telle qu'elle régnait alors en Espagne, la piété chrétienne parvient à créer des résistances victorieuses contre l'injustice ; partout où il reste encore quelque trace de vraie justice chrétienne, se lèvent des hommes de cœur, contraints par leur conscience, qui se jettent dans la mêlée et crient en face des plus grands obstacles : Je ne puis autrement. Que Dieu m'assiste ! Au nom du Christ et de l'honneur de Dieu, je combattrai l'injustice ! — Tel fut l'homme qui surgit à cette époque, du sein de la noblesse espagnole. Il avait nom Bartolomé Las Casas.

Avant de citer plus au long les protestations que pendant un demi-siècle, fit entendre, ce généreux champion de la justice, contre les iniquités des Espagnols, ses compatriotes, indiquons sommairement les principaux faits de son histoire. Né en 1474, il était fils de François, dont le nom français Casas avait été transformé en Las Casas. Il avait étudié les humanités et le droit, à l'université de Salamanque, où le grand ministre de Ferdinand d'Aragon, Ximenès, faisait fleurir les lettres et la philosophie.

Tous les regards de la jeunesse se tournaient à cette époque vers le Nouveau Monde, que venait de découvrir le grand Génois, Christophe Colomb. Le jeune étudiant s'enrôla, dès 1498, dans une de ses expéditions. Puis, de retour en Espagne, il se décida, en 1502, à accompagner en Amérique le Commendador, frère Nicolas de Ovando, qui y était envoyé pour contrôler les mauvais traitements, que Bobadilla avait fait subir à Colomb.

Après peu d'années de séjour, pénétré du devoir de faire connaître l'Evangile aux païens, Las Cas entra, en 1510, dans les ordres, et devenu ainsi le premier prêtre consacré dans le Nouveau Monde, il entreprit aussitôt sa tàche, avec tout le sérieux d'une conscience avide de justice. Il avait été chargé jusqu'alors de gérer les terres de son père à Saint-Dominique ou Hispaniola ; dans cette administration, il avait eu chaque jour l'occasion de constater l'intolérable inhumanité du système Espagnol, qui accordait aux nobles et aux aventuriers heureux, des « Repartimentos », c'est-à-dire des concessions de terre, avec un nombre déterminé d'indigènes, traités comme esclaves et chargés de tous les travaux des champs, au profit de leurs maîtres absents. Ceux-ci jouissaient tranquillement en Espagne, du produit des sueurs et du sang des Indiens, qui mouraient par milliers sous les coups de leurs oppresseurs. Indigné de cet esclavage, l'ancien légiste de Salamanque écrivit : « La « liberté individuelle est un droit, accordé par « Dieu même comme attribut essentiel de l'homme, « ce qui en a fait le principe et le fondement du « droit naturel. — La servitude n'est pas un don « de Dieu, ni un attribut naturel de l'homme. Ja-

« mais, sans des causes accidentelles, l'espèce
« humaine n'eût vu des esclaves, de là la maxime
« qui fait de la liberté, une des qualités essentielles
« de l'humanité. »

C'est alors que sous la double pression de son
indignation naturelle et de sa foi chrétienne, le
grand apôtre des Indiens commença le long plai-
doyer, qui devait durer un demi-siècle et ne s'ache-
ver qu'avec sa vie. Exposé à tous les dangers, en
butte à toutes les calomnies, il parcourut en tous
sens les régions immenses du Nouveau Monde, puis,
jusqu'à la blanche vieillesse, sept fois il retourna
en Europe, pour rendre compte à ses souverains et
à sa patrie, des iniquités dont il avait été témoin.
La fermeté, la grandeur d'âme de la reine Isabelle,
lui inspirait toute confiance.

Revenu en Europe, pour plaider à Plasencia la
cause des Indiens devant Fernand d'Aragon, Las
Casas fut nommé par lui « protector de todos
Indios », défenseur des indigènes de toutes les
Indes, et convoqué à une « junte », ou commission
de légistes et de théologiens, qui reconnurent le
bien fondé de ses plaintes.

C'est avec cet appui qu'il retourna aux Antilles,
en compagnie de moines Hiéronymites, qui avaient
une mission semblable à la sienne, mais qu'il
trouva trop tièdes et trop tolérants pour l'iniquité.

Se soustrayant alors à leur espionnage, il revint pour la troisième fois en Europe, en 1517, l'année même de la Réformation. Il se présenta devant le jeune monarque Charles Quint, à Valladolid, ayant à ses côtés un ministre aux vues justes et élevées, Jean de Selvajio ; il soutint éloquemment la thèse indiquée déjà, à savoir que l'homme naît libre et que l'esclavage est un désordre tout à fait exceptionnel.

Qu'on juge des motifs élevés et désintéressés du prêtre dominicain, par la noblesse et la hardiesse des paroles, qu'il adresse au puissant empereur. Nous sommes à Barcelone, à une séance du Conseil d'État que Charles-Quint honore de sa présence. Un évêque récemment arrivé des Indes, vient d'être entendu et de déclarer, sans nier les souffrances des Indiens, que ceux-ci sont « esclaves de nature ». Le grand chancelier, ayant pris ordre du souverain, interpelle alors Las Cases : « Maître Barthélemi, Sa Majesté ordonne que vous parliez. » Alors le licencié Casas s'exprime en ces termes : « Très haut et très puis-
« sant Roi et Seigneur, je suis un des premiers
« qui ont abordé sur les terres du Nouveau-Monde,
« et il y a bien des années que j'y suis employé ;
« j'ai été témoin de tout ce qui s'est passé, et
« c'est ce que j'ai vu, qui m'a fait prendre la réso-

« lution de revenir en Espagne ; non que je sois
« meilleur chrétien qu'un autre, mais parce que
« les maux des Indiens ont excité ma compassion
« naturelle..... Il existe des ministres de l'ennemi
« de toute vertu et de tout bien, qui meurent
« d'envie que j'échoue dans mon projet. Il importe
« d'autant plus à votre Majesté de m'entendre.....
« qu'indépendamment de ce qui peut intéresser
« sa conscience, je puis assurer qu'aucun des
« états qui lui sont soumis, ni même la totalité de
« ses royaumes, ne peut être comparée à la
« moindre partie des biens de ce Nouveau-Monde ;
« qu'informant de ce fait Votre Majesté, je suis
« assuré de lui rendre plus service qu'aucun sujet
« n'a pu faire à son roi ; et cependant, je n'ai en
« vue ni les grâces, ni les récompenses de Votre
« Majesté, parce que je n'agis point pour son
« service, sauf l'obéissance et le dévouement que
« je lui dois, comme son humble sujet, mais parce
« que je suis convaincu, que je dois à Dieu ce grand
« sacrifice ; car ce maître souverain est si jaloux
« de son honneur et des hommages exclusifs de
« toutes ses créatures, que je ne puis. faire un
« pas dans cette entreprise que pour lui seul et
« que c'est uniquement pour sa gloire, que j'ai
« pris l'engagement de travailler sans relâche à
« procurer à Votre Majesté les biens et les avan-

« tages les plus estimables..... Je dis et je déclare
« de nouveau que je renonce d'avance à toute
« grâce et à toute faveur temporelle ; et s'il
« m'arrive jamais de réclamer directement ou par
« voies détournées la moindre récompense, je
« consens qu'on m'accuse de mensonge et de
« félonie à l'égard de mon roi... Au reste, les
« hommes qui peuplent le Nouveau-Monde sont
« très capables d'embrasser la foi chrétienne et
« susceptibles, si on leur donne des leçons de
« morale et de doctrine, de s'attacher à la vertu
« et de vivre chrétiennement... Notre religion est
« une et peut convenir à toutes les nations du
« monde ; elle les reçoit toutes dans son sein, et
« n'enlève à aucune sa liberté ni ses maîtres ;
« elle est surtout bien éloignée de vouloir qu'on
« rende les peuples esclaves, sous prétexte qu'ils
« sont nés pour cela..., que Votre Majesté daigne...
« témoigner hautement son mépris pour cette
« mauvaise doctrine et désavouer ses consé-
« quences. »

En 1520, Las Casas revenait en Espagne pour la quatrième fois et lorsqu'il apprit les cruautés qui se commettaient dans le Pérou, il s'y opposa et refusa le riche diocèse de Cuzco, pour n'accepter que le pauvre diocèse de Chiapa.

La constante opposition qu'il faisait au système

colonial et militaire, lui valut la haine de beaucoup de colons, en même temps qu'un attachement à toute épreuve de la part des indigènes, auprès desquels une recommandation de sa main valait un sauf-conduit. Il déclara à son clergé, que quiconque admettrait à la sainte table un communiant possesseur d'esclaves indiens, serait déclaré indigne du sacerdoce ; et il insista pour que les autres évêques imitassent son exemple.

On l'accusa finalement de révolte ou de trahison contre la couronne, dont il aurait contesté les droits à la possession des terres du Nouveau Monde ; c'est sous le coup de cette accusation et conduit par les suppôts de la justice, qu'il accomplit, en 1547, à 73 ans, son septième voyage, c'est-à-dire sa quatorzième traversée. Malgré son âge, il soutint victorieusement la cause qui lui était si chère et parvint à imposer silence à ses adversaires. Il s'établit à une petite distance de la cour, et continua son œuvre jusqu'au dernier soupir, succombant enfin, en 1566, dans la ville d'Atocha, à l'âge de 92 ans, laissant à ses frères de l'ordre des Dominicains. la recommandation de continuer son œuvre, et donnant à l'humanité entière, un exemple efficace de ce que peut un cœur chrétien, aidé d'une volonté de fer et d'une intelligence hautement cultivée.

Et maintenant, il ne sera pas sans intérêt de lire

quelques citations des admirables remontrances adressées à Charles-Quint, par cet infatigable ami de la justice.

« L'empereur Charles V, notre maître, m'ordonna à moi Frère Barthélemy de Las Casas, évêque de Chiapa, d'assister, en 1542, à une assemblée de prélats, convoquée à Valladolid, pour la réforme des abus qui s'étaient introduits dans le gouvernement des Indes.

« Ce monarque, par un acte spécial de sa volonté souveraine, me chargea de proposer tout ce qui me paraîtrait convenir à cet objet. J'y présentai divers moyens, dont je ne relève ici que le huitième, parce qu'il contenait en substance les sept premiers : « Ce moyen, c'est que Votre Majesté fasse décréter par l'assemblée des Cortès généraux, que tous les Indiens soumis à sa puissance, sont libres, et soumis seulement à la Couronne, sans être jamais donnés à personne, à titre de commanderie, et que S. M. s'engage par un serment solennel, pour elle et pour ses successeurs, au maintien de cette loi.

« Le premier motif pour établir cette loi est que, lorsque les rois catholiques vos aïeuls, Ferdinand et Isabelle, demandèrent au pape qu'il approuvât la conquête et la possession des terres lointaines du Nouveau Monde, ils alléguèrent les avantages spirituels que devaient procurer à la religion, la prédication de l'Évangile et la conversion des Indiens, dont le salut tournerait à la plus grande gloire de la religion. C'est par ces motifs, que la conquête fut confiée à l'habileté, à la puissance et au zèle religieux des rois de Castille. De là résulte, que les rois de Castille ne peuvent se décharger de ce devoir sur personne, puisque c'est un des devoirs inhérents au caractère même de la souveraineté, qu'il s'agit du salut éternel des Indiens, et que leur conversion exige la plus grande douceur et les traitements les plus bienveillants (1). Or, c'est l'autorité royale qui seule peut être fidèle

(1) On a souvent débattu la question de savoir, si, malgré les généreux efforts de Las Casas en faveur des Indiens, on peut légitimement l'accuser, d'avoir été lui-même l'auteur involontaire de la traite des nègres. Ceux qui voudraient suivre en détail la réfutation de cette accusation, peuvent lire ce qu'en dit Llorente, dans sa biographie de Las Casas, ou bien consulter le 4e volume des Comptes-Rendus de l'Institut, classe des sciences morales, où la question fut sérieusement traitée par l'abbé Grégoire, dans la séance du 22 floréal an VIII. L'esclavage existait au XVIe siècle en Espagne, et lorsque Las Casas vit les terres des Indes dépeuplées, il recommanda, dans un cas déterminé, d'y envoyer des fermiers espagnols et d'y employer quelques-uns des esclaves noirs et chrétiens nés en Espagne. Telle est l'indication de Llorente. Cependant la « Cyclopaedia Brittannica » cite un passage de Las Casas, où il déclare regretter amèrement d'avoir donné un pareil conseil.

à un pareil système, parce que seule elle est désintéressée. Telle est, ajoute Las Casas, la teneur de la bulle du pape :

« Nous vous ordonnons, en vertu de la sainte
« obéissance qui nous est due, de pourvoir à ce
« qu'il soit envoyé dans ces terres des sujets d'une
« vertu reconnue, craignant Dieu, sages, éclairés, en
« état d'instruire les habitants, de la foi et de leur
« inspirer le goût des bonnes mœurs, comme vous
« nous l'avez promis. » C'est là un vrai contrat accepté des deux parts. Aussi, la bienheureuse reine Donna Isabella n'a jamais voulu permettre que les Indiens eussent d'autres seigneurs qu'elle-même et son époux, le roi Ferdinand.

« Il est bon de faire connaître à Votre Majesté ce qui se passa à ce sujet dans cette capitale en 1499. Christophe Colomb, qui découvrit l'Amérique, fit présent à chacun des Espagnols qui avaient servi dans une expédition, d'un Indien pour son service particulier. Je fus un de ceux à qui cette faveur fut accordée. Nous arrivâmes dans la capitale avec nos esclaves ; la reine en témoigna beaucoup de mécontentement, en disant que ni l'amiral ni aucun de nous n'avait le droit de disposer de ces Indiens, qui ne pouvaient être sujets que de la couronne. On eut beaucoup de peine à apaiser son Altesse et elle fit aussitôt publier une ordonnance qui obligeait tous ceux qui avaient amené des Indiens, à les renvoyer aux Indes. Ce qui fut fait en 1500. Je garantis à Votre Majesté la vérité de ce fait...

« La rapacité des Espagnols a été si loin qu'ils ont empêché les religieux de réunir les Indiens pour l'instruction et le culte. Un jour, un de ces maîtres entra dans l'Eglise, réclama 60 Indiens et se mit à les rouer de coups dans le Saint lieu, malgré les missionnaires qui en appelaient aux lois et défendaient les droits de leurs convertis. Les prétendus Seigneurs déclarent qu'aussi longtemps que l'Indien est ignorant, il obéit, mais que dès qu'il connaît le catéchisme et la morale religieuse, il raisonne et souvent déclare qu'il ne se croit pas obligé d'être esclave

« Cette disposition hostile des Espagnols est prouvée par le fait de la destruction des Indiens. Citons des exemples : On ne compte plus que 200 indigènes dans l'île « Espagnole » ou Saint-Domingue qui en comptait trois millions [1]... Celles de Cuba, de la Jamaïque, de San Juan, et soixante autres des Lucayes et des Géans en contenaient aussi un nombre prodigieux... L'île de Cuba est

[1] Vers 1789 deux filles célibataires étaient à Saint-Domingue, les dernières représentantes de la race indienne ; elles avaient refusé de se marier, ne pouvant épouser que des Espagnols.

aussi grande que la distance de Valladolid à Rome et cependant la race des naturels y est entièrement détruite. Porto-Rico et la Jamaïque sont des pays vastes et très agréables ; mais les ravages des Espagnols n'y ont rien laissé.

« La Terre Ferme contenait plus de dix royaumes; car son étendue est comme la distance de Jérusalem à Séville, puisqu'elle a près de 2.000 lieues ; mais les cruautés des Espagnols y ont été si horribles et si étendues, qu'ils ont anéanti la population et fait de ce vaste pays un désert... Or dans l'espace de 38 ans, on garantit comme chose certaine, que les Espagnols ont fait mourir, par leur inhumaine et atroce politique, douze millions de personnes : hommes, femmes et enfants, sans compter ceux qui furent égorgés pendant la conquête... Cette affreuse boucherie a eu pour cause incontestable l'esclavage des Indiens, malgré le faux nom par lequel on dissimule la manière dont ont été gouvernés ces malheureux... Les Espagnols ont demandé qu'il leur soit permis d'attaquer les Indiens des autres provinces, sous prétexte qu'ils sont des rebelles, moyen commode de multiplier le nombre de leurs esclaves, dont ils ont vendu une multitude comme on vend des bestiaux, déjouant par la fraude les défenses qui leur avaient été faites de tout commerce semblable.

« Dans ces guerres si injustes, ils ont fait périr avec la dernière cruauté les femmes et les enfants, enlevant leurs biens, brûlant leurs maisons, détruisant des villages entiers, et changeant le pays en solitude. Un gouvernement sage doit veiller avec le plus grand soin, sur les suites que peut avoir l'amour des richesses. Cette passion ne cédant à aucun effort humain, c'est elle qui a conduit les Espagnols dans les Indes, et ce serait se rendre coupable d'une confiance téméraire, que d'espérer qu'ils y renonceront du moment qu'ils auront obtenu de Votre Majesté, les moyens d'atteindre le but qu'ils se sont proposé en faisant ce long voyage...

« *Il ne suffit pas d'établir des lois pénales* contre ceux qui maltraitent les Indiens, car l'avare est insensible au mal d'autrui. Le conseil royal a dit, il y a quelques années, à Votre Majesté pendant son séjour à Barcelone, que, pour réprimer les abus dont on se plaint, il ne suffirait *pas de faire dresser une potence* à la porte de chaque Espagnol, avec menace de le pendre au premier nouvel excès, commis par lui ; il avait raison, et il proposa plusieurs mesures qui restèrent sans effet, mais dont l'application eût produit le plus grand bien, et rendu inutile le mémoire que j'adresse à Votre Majesté...

« Mais l'Espagnol qui s'enrichit, à force de sacrifier des Indiens dans les travaux des mines, ne craint ni la potence, ni aucune autre peine légale. Il se flatte d'arrêter par quelque sacrifice d'or et d'argent les poursuites de la justice, et cette confiance est justifiée par mille prévarications des tribunaux. Il croit que s'il était mis en jugement, la preuve du délit serait impossible, parce que les Indiens qui tremblent devant lui, n'oseraient le dénoncer et se porteraient plutôt à déposer en sa faveur..

« Que dirait-on d'un père, qui présenterait le sein de son fils au poignard d'un frénétique, son implacable ennemi ; qui abandonnerait au milieu d'un désert sa fille, jeune et belle, à la conduite d'un libertin, dont les desseins lui seraient depuis longtemps connus ; ou qui exposerait son enfant dans un bois rempli de lions et de tigres affamés ? Suffirait-il, dans les deux premiers cas, de faire des menaces au frénétique et au libertin ? Or je ne mets aucune différence entre eux et les animaux féroces, qu'il serait inutile de vouloir arrêter par la menace de la peine capitale.

« Cette considération, Seigneur, rendrait selon moi, Votre Majesté coupable de l'énorme péché d'homicide à l'égard de chaque Indien, qui succomberait sous les mauvais traitements de son maître, puisque les lois, faites pour prévenir ce malheur, ne sauraient servir d'excuse devant Dieu à Votre Majesté, puisqu'Elle-même en aurait reconnu l'insuffisance...

« Les Espagnols ont oublié qu'ils étaient hommes et ont traité d'innocentes créatures avec une cruauté digne de loups, de tigres et de lions affamés. Ils n'ont cessé depuis 42 ans, de les poursuivre, de les détruire, avec tous les moyens qu'avaient inventés la méchanceté humaine, et par d'autres que ces tigres ont imaginés en sus.

« C'est l'avidité des Espagnols qui a été l'unique cause de cette horrible boucherie. Ils n'ont connu d'autre Dieu que l'or, d'autres besoins que de se gorger de richesses aux dépens d'hommes doux, paisibles et soumis. De semblables atrocités étonnent d'autant plus que les Indiens n'ont pas fait de mal aux Espagnols. J'ai vu ce que j'avance.

« S'il y a encore des personnes qui disent le contraire à Votre Majesté, à quelque rang qu'ils appartiennent, je suis prêt à soutenir mon témoignage, fort de toute la puissance de la vérité, je n'ai crainte de personne, et suis en état de prouver qu'on a trompé et qu'on trompe encore Votre Majesté par des motifs d'intérêt personnel, et par des mensonges, qui rendent leurs auteurs coupables de trahison, et de lèse-majesté divine et humaine.

« A quel autre motif pourrait-on rapporter les désastres et la ruine d'une population, qui couvrait plus de deux mille cinq cents lieues de terre ?

« L'objet véritablement important de l'administration n'est pas de conserver le territoire, les remparts de ville et les maisons, mais les hommes qui les habitent. Si elle avait été fidèle à suivre ce plan, les intérêts du trésor de la couronne n'eussent pas été aussi gravement compromis, car on ne peut se dissimuler que la mort violente de tant d'hommes a produit à cet égard des dommages considérables, outre le danger auquel a été exposée la conscience de Votre Majesté.

« Je conviens qu'on n'a rien oublié pour cacher à Votre Majesté cette grande destruction, et les moyens qui l'ont opérée ; mais le mal spirituel et temporel qu'elle a produit n'est pas moins certain, ainsi que l'obligation où est Votre Majesté de mettre fin à tant de malheurs.

« Ce dernier objet me rappelle une clause du testament de la sérénissime reine Isabelle, l'aïeule de Votre Majesté, princesse digne de régner dans le ciel. Le voilà : A l'époque où les îles et la terre ferme de l'Océan, découvertes ou à découvrir, nous furent concédées par le Saint-Siège apostolique, notre intention formelle fut, en suppliant le pape Alexandre VI, d'heureuse mémoire, de nous

en accorder la propriété, de faire tous nos efforts
pour engager les peuples de ces pays nouveaux à
se convertir à notre sainte religion catholique ; de
leur envoyer des prélats, des religieux, des prêtres
et d'autres personnes instruites et craignant Dieu,
pour les instruire des vérités de la foi ; de leur
inspirer le goût et les habitudes de la vie chrétienne et d'y apporter toute la diligence nécessaire,
conformément à ce qui est marqué plus en détail
dans les dites lettres de concession. Je supplie
donc avec les plus vives instances le roi mon
maître, et je charge, par un ordre spécial, ma fille
la princesse Jeanne et le dit prince, don Philippe,
son époux, de le faire et de l'accomplir ainsi ; de
regarder cet objet comme leur occupation la plus
importante, et d'y mettre toute la diligence possible ; de ne jamais consentir ni donner lieu à ce
que les Indiens, qui habitent dans les dites îles et
terre ferme, conquises ou à conquérir, éprouvent
aucun dommage dans leurs personnes ou dans
leurs biens ; mais de pourvoir, au contraire, à ce
qu'ils soient bien et convenablement traités, et, si
quelque tort leur a été causé, de veiller à ce qu'il
soit promptement réparé ; enfin, de ne point
s'écarter du contenu des lettres apostoliques, mais
de se conformer à ce qui est prescrit et com-
mandé.

« Telles furent les dernières volontés de cette auguste princesse. Cependant il est certain que, malgré des intentions si positives, sa mort fut comme le signal de la destruction des Indes. Les moyens par lesquels on l'a consommée me sont bien connus, et je puis en offrir l'histoire véritable à Votre Majesté si elle juge à propos de m'en donner l'ordre...

« Si je racontais à Votre Majesté les cruautés qu'ont exercées, sur les indiens, leurs maîtres espagnols, ses entrailles en seraient émues de douleur ; car on ne pense pas sans frémir que ce sont des hommes appelés chrétiens, qui les ont commises. »

Conclusion

La Mission sanglante, que stigmatisait si éloquemment Las Casas, a été le fruit du mensonge, qui masquait la soif de l'or et le goût des conquêtes, sous les apparences trompeuses du zèle pour la propagation de la foi. Ces hommes qui répétaient, que « hors de leur Eglise il n'y a point de salut », finissaient par trouver naturel de livrer dès ici-bas aux flammes, des infidèles destinés au feu éternel ; aussi la réprobation universelle les a atteints. Une partie du clergé espagnol lui-même les a maudits. Las Cases fut soutenu par bien des prélats, tels que l'évêque de Ségovie, Antonie Rimerez, qui réfuta le professeur Sepulveda, le défenseur des guerres contre les Indiens, par l'évêque de Tlascala et même par le Jésuite Svendimo qui combattit la traite. On comprend que l'exemple de pareilles missions, ait retardé l'ère des Missions évangéliques et que nos réformateurs aient eu peu de goût pour ces conquêtes aventureuses, qui ressemblaient tellement aux croisades du moyen-âge, faites contre des Juifs, des Albigeois ou des Vaudois. Heureusement des temps meilleurs commencèrent bientôt pour le Nouveau Monde et bon nombre de missionnaires furent comme Las Casas, les défenseurs des Indiens au péril de leur vie, mourant pour ceux qu'ils venaient gagner à la foi.

Le prophète Esaïe écrivait, au temps le plus sombre de la déchéance d'Israël : *On t'appellera le Réparateur !* Il appliquait ce beau titre au peuple de l'avenir ; mais il convient de fait aux enfants de Dieu de tous les temps, à l'Église entière, aussi bien qu'à chaque chrétien. En effet, l'apôtre saint Paul nous présente, en terminant son Epître aux Ephésiens, le chrétien, comme un soldat, armé de toutes pièces, combattant toute injustice, tenant dans sa main l'épée victorieuse de la Parole de Dieu, et cependant n'ayant pour chaussure que la promptitude de l'Evangile de paix, car sa vie est, malgré tout, une vie de charité et de paix. Ceux qu'anime l'esprit de l'évangile sont des réparateurs, parce qu'ils combattent l'injustice avec les seules armes de la vérité et du sacrifice, parce qu'ils connaissent et servent le Prince de la paix, dont la venue fut annoncée par la lumière du ciel et par le chant des anges. Ils savent que la vraie lumière luit déjà, et que jamais elle n'emprunta ses armes aux puissances ténébreuses de la violence et de la haine. Ils préparent et attendent la victoire éternelle de la lumière. Ils ont appris que, lorsqu'elle s'éteignit un moment, dans l'étreinte de la douleur, ce fut pour dissiper à jamais la nuit des tombeaux et réparer définitivement et pour l'éternité nos infractions à la loi du bien.

C'est là ce qu'affirme la foi ; c'est là ce que chante et salue l'espérance ; mais la vue nous montre encore partout les ténèbres, le mal et la souffrance. Toujours encore, Hérode tue les innocents et dispute au Christ son étable et sa crèche.

« Mais j'ai vu le méchant terrible et verdoyant comme un laurier vert ; mais j'ai passé, et voilà il n'était plus ; je l'ai cherché et il ne s'est plus trouvé. »

Déjà l'histoire nous prouve, que Dieu légitime

en définitive ses voies pour ceux qui combattent résolument le mal et qui peuvent dire sincèrement comme Asaph : « M'approcher de Dieu, c'est tout mon bien ; j'ai assis ma retraite sur l'Éternel. » (Ps. LXXIII).

En relisant ces promesses du Tout Puissant et en en constatant, dans l'expérience et dans l'histoire, la vérité toujours nouvelle, l'âme qui a mis toute sa confiance au Dieu miséricordieux et fidèle, reprend courage, lutte contre le mal, défend le faible et l'opprimé, remet sa cause à Dieu ; et, au lieu de se dépiter de ce que les choses humaines ne vont pas à son gré, elle écoute la voix de l'expérience et de la foi qui lui répète : « Ne te laisse pas surmonter par le mal, mais surmonte le mal par le bien. » Ne pleure point : Voici, le parfait Réparateur, le lion qui est de la tribu de Juda, a vaincu ; et par Lui, toi aussi, tu vaincras !

Alençon. — Imprimerie Veuve Félix GUY et Cⁱᵉ.

www.ingramcontent.com/pod-product-compliance
Lightning Source LLC
Chambersburg PA
CBHW061322060726
47596CB00003B/1029